행복을 남기는 사랑

천년의시 0171 행복을 남기는 사랑

1판 1쇄 펴낸날 2026년 1월 20일

지은이 석시한
펴낸이 이재무
기획위원 김춘식, 유성호, 임지연, 차성환, 홍용희
편집 이호석, 박현승
편집디자인 김지안, 장수경
펴낸곳 (주)천년의시작
등록번호 제301-2012-033호
등록일자 2006년 1월 10일
주소 (03132) 서울시 종로구 삼일대로32길 36 운현신화타워 502호
전화 02-723-8668
팩스 02-723-8630
블로그 blog.naver.com/poemsijak
이메일 poemsijak@hanmail.net

ISBN 978-89-6021-839-0 04810
978-89-6021-105-6 (세트)

값 11,000원

행복을 남기는 사랑

석시한

천년의 시작

시인의 말

아름다운 세상이나
기쁘고 슬픈 일
즐겁고 괴로운 일들을 만났을 때
한 편의 시를 창작해서 쓰는 일은
참 경이로운 일이다.

칠십여 년을 함께 살아오며
사랑 받고 사랑했던 그리운 어머니
천국 소풍 홀로 떠나보내고
텅 빈 가슴을 시로 채운다.

칠십 젊은 나이
어머니 품 떠나 홀로 서서
다시 새 삶을 시작한다.
성숙한 자아를 찾고 싶다.

사랑한다, 사랑하련다,
내가 아는 모든 사람들,
나를 아는 모든 사람들.
그리고 이 땅 모든 사람들.

차 례

제2부 고향 풍경

제3부 소풍 하는 삶처럼

제4부 벚꽃 피는 이유

해 설

제1부　산 속 아침

아침

호수에서 피어오른 물안개
고요한 아침 열린다
동쪽 하늘빛 찬란하게 찾아오고
그 빛으로
영롱한 하늘 오색으로 변하여
아름다운 풍경 선물한다

늘 찾아오는 아침이지만
똑같은 아침은 없다
나도 너도
어제의 우리가 아닌 것처럼
하늘 아침도 매일 신비스러운 모양
새로운 모습을 선물한다

조용한 산 속 밤

하루 종일
지절지절 노래하던 산새들도
포근한 둥지 품 잠들었다
산다는 것이
사람만 곤한 것이 아니다

자연 속 생명체는
하루 살기 위하여
끝없는 노동을 한다
그것이 생명의 원천이다
이 밤이 포근한 이유다

비 오는 아침에

비가 억수같이 내리는 아침
천둥 번개가 으르렁 번쩍이니
푸른 나무들도
술렁이며 춤을 춘다

싸워라 다투어라
그리고 눈물 짜며 비를 내려라
그래야 더위 놈도 움찔 하고
목마른 우리도 춤추며 노래하지

비 오는 아침 부산하고 요란하다
살맛 난다
메마른 갈증이 풀린다
비 내리는 소리가 좋다

세월 쌓이는데

고요한 달빛 비치는 밤하늘
유유히 흐르는 은하수
별빛 아름다운 날도
천둥 번개 치듯 쏟아지는
시련 억수비도 옛 일.

일 초가 일 분이 되고
일 분이 육십 분이 되면
한 시간이 되고
한 시간이 이십사 시간 되면
하루가 차고
하루가 한 달 되고
열두 달 지나면
일 년을 만들고
일흔 번 지나니 오늘.

아~ !!!
계절은 흘러가고
계절 따라 세월 쌓이는데
갓난아이처럼 되어

철모르고 웃고 있다

매미의 세레나데

울어라 노래하듯이
여름 다 가기 전
사랑을 하여라
한 점 후회 없이
사랑하고 떠나라
무더운 폭염도
너의 노랫소리에
잠을 못 이룬다
사랑은 죄가 아니다

여행하듯 도전하듯

솜사탕 먹으며
솜구름 타며 두둥실
여행하듯 사는 일생은
큰 행복이지요

그렇게 살아요

기약 없는
흘러가는 세월
파도를 넘어가며
도전하듯 사는 삶은
살아 있는 이유이지요

지금 내 모습으로

세월 흐름이
아름다움 되기를 바랐네

나이 들어가는 것을
행복으로 알았네

젊은 날 초상은 오간 데 없고
지금 내 모습으로 세월을 품었네

행복으로 세월 흐름을 알게 되니
늙은 날 행복도 꽤 괜찮지 않은가

늙어도 좋다 좋아 좋다
늙어서가 더 좋다

슬픔보다 더 큰 행복

어둠 밝히는 빛으로
훅 가슴으로 들어왔다
광명 빛 절망에서 희망이다
작은 구멍으로 찬바람 불어
동공 되어 있던 가슴
동굴 속 닮아
휑하니 비어 있어
이별의 아픔으로 채운다

한 사람 떠나면
또 다른 사람 찾아오고
가슴 가득 차오르는 기쁨
행복할 수 있을 날들의 꿈
누군가 떠나면
또 다른 만남
슬픔보다 더 큰
행복으로 살자

가뭄

수없이 내린 비
하늘 맑기 바라던 마음
그 마음 속에 나타난
무지개
일곱 색만큼이나 곱다

오랜 목마른 가뭄
파삭해진 환경
비 오기 바라며 애태우는 마음에
한줄기 소낙비 내리고 뜨는 무지개
우리의 욕심을 조롱한다

세상 만사 하늘 뜻이지
빌어도 빌어도 소용없는 일
마음 비우고
무지개 없는 홍수 바라며 기도하자
태풍이라도 맞고 싶다

미로

생명 속에 죽음이 있듯이
슬픔 속에 행복도 있겠지
때론 행복이 슬픔을 낳고
살아 있기에 죽을 수도 있으니
산다는 것도 참 아이러니하다
태어난 것은
없어져야 할 숙명
사랑한다는 것은
이별을 품는 것
시작은
끝없이 길 찾는 미로이다

삶의 여정

인생은 살얼음판을 걸어가는 것 같다
아무리 조심조심 걸어가도
한순간 밑 얼음 깨지면 빠지고 만다

찰나
극히 짧은 순간
세상과 이별을 한다

때로는 끈질긴 생명 줄 붙들고
버티는 삶도 있지만
결국 순간 놓아버리게 된다

오늘이라도 사랑하자
살아온 삶 속에 응어리진
미움도 지우자

용서하자
그리고 사랑하다
이별을 맞자

시련 고난

배고픔은 살아 있다는 거
아픔 없는 삶 없지
아프면 살아 있는 것이지
시련은 시도 때도 없이
삶 속을 파고들지

시련 없는 삶은
향기 없는 꽃과 같지
인고의 세월은
향기를 품게 하지

시련 고난 두려워할 것 없지
살아 있기에
느낄 수 있는 고통이지
지나간 고통
다시 느낄 수 없지

꿈을 꾸고 있다

꿈속에서 하늘을 날고 있었다
스쳐 지나가는 구름
자유롭게 유영하듯
끝없는 미로의 하늘 길을 날아가
밝은 태양 빛
광명에 휘둘리는 곳에 도달했다

아무도 없다
나 홀로만
꿈같은 꿈을 꾸고 있다

되돌아가야 할 길
어떻게 여기까지 왔는지 모르는
아득한 세월만 겹겹이 쌓여 있다
꿈같은 인생살이
꿈에서 깨어날 때면
꿈은 사라진다

산 속 아침

폭염이 며칠째 이어지는 날
신선한 새벽바람이
홑이불 속으로 찾아든다

시련 같은 더위가
어제 일인데
오늘은 마냥 행복한 아침을 맞이한다

어제는 잊어버린 고통
살맛 나는 오늘
살맛 나는 지금

또다시 시련과 고통이 찾아온다 해도
열정으로 맞이하리라
나이를 잊은 것처럼 또 하루를 살자

하루하루

무력한 나에게 쌓이는 하루
긴 여행자의 발걸음
무거운 듯이 걸음 멈추고
하루 무게 털어 본다

내일이면
희망찬 목적지 도달하려나
또 하루를 걷는다
하루하루 걸어가는 삶
내 삶의 끝은 어디일까

누구도 알 수 없는
끝없는 미로 여행
방랑자 되어 걸어가고 있다

그믐밤

별빛 그리운 밤
깜깜한 밤
문득 별빛 보고 싶어
잠 못 이루고
밤하늘을 헤맨다
어디도
나를 반겨주는 별빛
하나 없다
그믐밤이다
구름이 별빛 가렸나
별과 사랑
은은한 달빛 속에
피어나야 하는가
에라 틀렸다
잠이나 자야겠다

긴 가뭄

곧
찾아오는 비
자연 노랫소리
들을 수 있을까
목마른 대지 생명체들
목 빠지게 기다리고 있다
빗소리 노랫소리
춤추며 듣고 싶다

대지를 메마르게 태워
파삭한 먼지만 휑하니
바람 따라 가버린다
촉촉한 너의 입술에
입 맞추고
저 들판과 함께
춤을 추리니
비야 노래해 다오

하늘만 쳐다본다

산은 하늘을 닮고 싶어 한다
때로는 구름 위로 솟구쳐
하늘이 되어 숨는다
하늘만 쳐다본다

하늘은 하늘일 뿐
더 바라볼 것 없는데
산은 내려 보면
자신의 품 안에 있는
큰 행복 보일 터인데

저 산 어리석게도
하늘만 바라보고 있구나
멍청한 산처럼 나도 살았구나
멍청한 산처럼 나도 사는구나

앞으로만 가는 하루

과거로 돌아갈 수만 있다면 좋겠다
앞으로만 진행되는 삶
거꾸로 흐른다면
다시 하루하루 젊어지고
떠났던 사람 다시 만나고
잊었던 기억 되살아나
지난 행복 찾을 수 있는 과거 여행
지구가 반대로 돌아가면
거꾸로 가는 세월이 될까
그럴 리 없겠지만
공상하며
물안개처럼 피어오르는
앞으로만 가는 하루를 맞는다

오늘

어김없는 오늘
가슴으로 파고든다
더없이 행복해야 할 날들
아직 많은데
오늘도 행복하게 해 달라고
찾아와 안기는 너를
사랑으로 맞이하리라

내 신발

신은 발과 함께 산다
어디를 가든 동행자가 되어
함께 동고 동락 한다

신발이 늙는 것도 나와 같다
헌신짝 되어 버리면
내 발은 가차 없이 이별을 고한다

그렇게도 소중하게
함께 동행하던
내 신발

남루하게 늙은 모습으로
신발장 모퉁이에서
외로움 품고 있다

겨울밤

하얀 눈길 걸으며
찬바람 겨울 연가를 듣는다
오두막 작은 집

연기 속으로 과거 추억은 묻히고
타는 장작불 속
아름다운 사랑꽃 타오른다

타닥이는 불꽃 대화
잠 못 이루는 겨울 밤
부엉새 우는 소리 깊어 간다

바스락거리는 마른 낙엽 속삭임
울음소리 삼키며
따뜻한 봄 기다림이 길다

묵언

내 말은 어디서 나올까
생각에서 시작되겠지
수없이 말을 해 온 세월 속
진정성 있는 가슴 속 말
얼마나 있었는가

그래, 묵언이다
말 한마디 하지 않는 수행
한마디 말도 해서는 안 되는 법도
말 없는 삶 속에
나의 생각 나의 가슴 속 느낌
그대로 전달할 수 있는
묵언의 경지가 있다

사랑하는 맘
미워하는 맘
좋아하는 행동
굳이 말이 필요할까
쉼 없이 말해 온 내 언어가
누구에게 상처를 주지는 않았는가

묵언을 통하여 되돌아본다

누구도 모르는 꿈

새벽 어둠 속
아직 밤의 세계
누구도 모르는
나만 간직한 꿈이 있다

하루 하루 보내며 키우는
파초 같은 꿈
한 빛
한 줄기 빛이 젖어드는 여명

새벽이 좋다
오늘 맞이하는 빛
기도하는 새벽
남몰래 키우는 꿈이 있다

제2부　고향 풍경

어린 시절 고향 풍경

맑은 시냇물 따라 걷던 길
산수유 꽃 향기
고향 향수
노오란 꽃빛 아름다워라
작은 초가집
작은 울타리
앞마당에 날던 잠자리
빨랫줄 붙들고 잠들어 졸고 있다
까까머리 소년 살곰살곰
잠자리 꽁지 잡으러 가는데
애꿎은 복실이 멍멍멍 소리
졸던 잠자리
공중 날아 맴돌고 있던
내 고향 어린 시절 풍경

아름다운 추억

아주 옛날 아닌 어린 시절
다섯 살 때 시골 할머니 댁
대청마루 끝에 서서 시원하게 쉬를 했다
아뿔싸 꿈이었다
흥건한 아랫도리
오줌싸개가 되었다

아침 젖은 이불
할머니에게 들켜 벌을 받는다
곡식 고르는 키 뒤집어쓰고
동네 아는 집 가서
소금 동냥해 오는 벌이다

창피해 징징 울면서
아침밥 아궁이 불태우는 아주머니에게
소금 한 종재기 얻어 돌아서서 나서는데
뒤통수 덮어씌운 키를
부지깽이로 두드린다

깜짝 놀라

걸음아 나 살려라 도망 왔던
아름다운 기억이 있다
할머니가 남겨주신 아름다운 추억

칠삭둥이

열 달 만삭에서 모자라는 석 달
채우지 못하고 세상에 태어난 나는
늘 세 달의 모자람을 채우고자 살아간다

세상 모든 생명체는
채우지 못한 욕망을 갈구한다

완벽에서 출발한 완성보다
미완성에서 출발하여 완성을 이루는 것
더 아름다운 삶의 승리이다

부족함은
죄가 아니다

그 소녀

그 소녀
맑고 초롱한 눈망울
곱디고운 미소
철없는 사랑
가냘픈 몸짓으로 걸어가던
고향 언덕길
지금은 어디서 어떻게
어떤 모습으로 살아가고 있을까
목소리만 아련히 귓가에 들리네
날 사랑해 주세요
왜 그 사랑 받아들이지 못했을까
지금도 잊지 못하는
그 소녀를 사랑하고 있는
바보 사랑

행복을 남기는 사랑

누구나 행복했던 기억을
간직하고 있다
태양 빛 피할 수 없듯이
행복은 누구에게나 주어진다

똑같은 사랑을 주고받아도
지독한 독감처럼
아픔을 남기는 사랑이 있다
행복을 남기는 사랑이 있다

누구나 행복했던 기억은 있다
어미 젖 파먹는 새끼를 바라보며
어미의 사랑 주면서도 사랑하는 어미
사랑받는 사랑보다 더 큰 사랑이다

어머니의 코골이

코를 고시며 주무시는 어머니
그예 삶 끝자락 붙드시고
마지막 코골이 하시며 주무신다
무슨 꿈을 꾸고 계실까
먼저 가신
당신 남편 만나고 계시는 건가

생명이 구십 년 이어져 오면서
한때는 코골이 소리가
삶에 겨운
무거운 소리 힘든 소리였지
칠십 자식 품에 안기어
세상 떠나신 어머니
마지막 남기신 가벼운 코골이 소리
다시는 못 만날 이별

지금 이 밤
어머니 코 고는 소리 그리운 밤이다

어머니의 찹쌀떡

어머니 손끝에서 만들어진 찹쌀떡
둥근 보름달 닮아 있다
긴 긴 세월 속
가슴 가득 먹먹한
자식들 먹여 살리려고
하얀 밤을 새워 보냈다
떡 하나에 사랑을 넣고
떡 하나에 정성을 넣어 만들어낸
어머니의 찹쌀떡

덩실 덩실 춤추는 날 오리라

오랜 기도로 하세월
손끝에 떡을 놓지 않았다
축복이다 하나님 은혜다
세상 모든 이가
어머니의 찹쌀떡을 좋아한다
맛있게 먹으려 줄을 서 있다
고맙고 또 고마운 어머니의 찹쌀떡
어머니 떠나신 지금도

덩실 덩실 춤추며 떠오른다

어머니 마음 속의 기억

살아생전의
그 많은 어머니의 기억은
그 가슴 깊이 알알이
이슬처럼 맺혀 있었지
마지막 한 마디 남긴 말
사랑해
그 마음 속의 기억 이었지
평생의 맘 이었겠지

나를 좀 더 살려줄 수 있는가
마지막 부탁은
사랑하는 사람과
내일을 함께 하고 싶은 맘 이었겠지
나를 일으켜 다오 하신
마지막 부탁은
떠나시기 전
이별의 몸짓 이었지

솜털보다
깃털보다도 가벼운 숨결 고르시고

그 기억도 그 생명 따라
바람 따라 훌훌 떠나버렸지
아~
붙잡을 수 없었던
어머니 마음 속의 기억들
이제는 내 맘 속에만 남아 있지

어머니 엄마

칠십 자식 품에
속 빈 모습으로 남으셨네
어머니
쭈그러진 빈 껍질만 남기시고
훌훌 이 땅을 떠나셨네

나를 낳고서
우리 형제자매를 낳고서
어머니로서 생을 이어 오다
칠십 자식 품에
빈 몸 남기고 떠나셨네.

어머니로부터 살과 뼈를 받아
엄마 부르며
젖가슴 파고 빨던 아이
일흔 살 벌거숭이 아기로
속울음 울며 남아 있네

우리를 덮어 주시던

어머니 사랑
흰 눈 세상 덮듯이
포근하고 따뜻하네
그리운 어머니 엄마~!!!!!!!

빈 자리

늘 그곳에는
어머니가 앉아 있었다
뒤돌아보면 어머니는
나와 눈을 마주치며
미소 짓는다

자신이 낳아 키운 자식이 대견하셔서
사랑 미소 보내고 계신다
그 자리 어머니 자리
늘 그 자리 계실 줄 알았는데
꿈처럼 내 곁을 떠나셨다

영원한 이별
홀로 천국 여행 가셨다
뒤돌아보면
계신 줄 아는 그 자리는
빈 자리 텅 빈 자리

달달봉사가 된 사랑

칠십 년 함께한 여인
사랑 배신하고 훌쩍 떠났다
뒤돌아보지 않고
헌신짝 버리듯
가야 할 길 가고 말았다
차가운 이별이다
영영 다시 만날 수 없는
배신의 헤어짐이다

가슴 가득한 사랑탑이
한순간 와르르 무너졌다

칠십 년간 함께 살며
애지중지 사랑 나누었던 한 여인
모진 이별 후 내 가슴은
텅 빈 암흑 동굴이 되었다
한 줄기 빛이라도 남아 있으면
길 찾아 갈 터인데
눈 뜬 달달봉사
장님이 되어 버렸다

꿈 속 어머니

간밤 꿈 속에
어머니 보고 싶었는데
그 모습 보이지 않고
목소리만 아련히 들렸다
꿈 속에서라도
두 손 붙잡고 싶었는데
가슴에 품고 못 다한 말
사랑해요 사랑해요
보고 싶어요
두 손 잡고 놓지 않으려
몸부림쳐 보고 싶은데
꿈 속 어머니
끝내 모습 보이지 않고
나도 사랑하마
잘 살아다오
건강해라
하신 말 마디 마디가
아침 산안개처럼 피어오른다
구름 되어 하늘 오른다

벌거벗은 나목

어머니와 이별 후
많은 아쉬움이 밀려온다
내 삶이 이토록 어리석었는가

못다 한 사랑
다 하지 못한 자식 도리
누구에게 갚아야 할까

어머니 앞의 백발 어린아이
고아가 된 나는
벌거벗은 나목이다

새색시 시집오던 날처럼

새색시 시집오던 날
동네방네 자랑하고 자랑하던
철부지 신랑
새색시는 고이 간직한
이슬방울 정절을 놓았지
낯선 시집살이 어언 사십 년 지나
이제는 뼈 마디마디 새겨진 굳은살로
철없는 지아비 자식 둘 키우고
정작 자신은
마른 장작 태우듯 살아온 여자 일생

고맙고 고맙소
늦철 들어 되돌아보니
당신의 희생이
우리들의 생명줄인 것을
이제야 알았네
부디 건강하고
아프지 말아요
남은 삶은 정말 행복하게 지내요
새색시 시집오던 날처럼

아름다운 당신이 되시오

가슴 깊은 곳에

말없이 바라보는 당신
수 세월 멍든
가슴 속 응어리는
화석이 되어 있지

함께 산다는 것은
참 고마운 일
용서하고 또 용서하여
쌓아 올린 미운 정 탑
하늘에 닿을 듯
그렇게 살아왔지

사랑한다 사랑한다던
수없는 거짓말
가슴 깊은 곳에 묻었지 용서

사랑의 기억

무심한 세월 속에
잊고 지나온 사랑의 기억
깊고깊은 강물 흐르듯
소리 없이 흘러왔지

누구나 아픔 있는 삶을 품고
살아가고 있겠지만
작은 사랑으로 치유 받고 살아왔지
사랑하며 이겨 내고 살아왔지

깊고 아픈 상처
나무 옹이처럼 되어
가슴 속에 상흔으로
응어리로 박혀 있는 당신
천만 번이라도 사랑하리라

사랑 바보

새벽별 지기 전
아침 문 열고
하루살이 일터로 나간다
오늘도 변함없는 일상으로
하루를 접고
귀가하는 발걸음 무겁다

누구를 위한 희생일까
하루가 쌓여 한 달이 되고
한 달이 일 년 되어
세월 쌓이는데
젊음은 어디 가고
세월탑만 높다

사랑이었을까 원망이었을까
가족을 위한 숭고한 사랑으로
봄눈 녹는 듯한 희생
오간 데 없다
사랑만 한 당신은 사랑 바보
이제라도 사랑 받고

행복한 날들이 가득 쌓인
탑 하나 쌓아 보자

사랑 하자

당신을 사랑한다는 말
백 번보다
사랑하는 맘
열 번이 더 소중하고
열 번의 맘보다
한 번의 몸짓이
더 사랑스럽다는 것을
아직도 다 모르고 산다

사랑으로 섬김은
축복 받은 삶이다
사랑 받는 것보다
사랑 할 수 있는 것이
더 큰 행복이다
사랑 하자
서로
사랑 하자

작은 천사

아이의 미소
항상 웃는 아이의 미소는
천사가 주는 행복이 담겨 있다
아름다운 꽃 피어 향기 내듯
아이의 미소 속
향기가 피어난다
해맑은 미소 바라보면
가슴 가득 행복이 밀려온다
감동의 파도
물결 되어 나를 덮는다
사랑스러운 작은 천사
미소 짓는 아이
사랑한다
끝없는 사랑 샘솟는다

정자 느티나무

고향 언덕 위에
오백 년 세월 품고 살아온
정자 느티나무는
굽은 허리가 없다
늘 푸르게
하늘 향해 손을 뻗는다
오백 년 생명 끝자락은 어디일까
어린 새싹 나무로 자라나
그 자리 잡고
오백 년 삶을 지켜온 정자 느티나무
뿌리 지킴이
그 나무 기억 속에
내가 있고
나의 아버지 또 아버지
그 위에 아버지
그리고 아버지 아버지 아버지
그렇게 살아왔다

제3부　소풍 하는 삶처럼

잘 주무셨는가

연초록 나뭇잎 사이로
맑은 햇살이 창문 두드리는 아침
시원한 공기 속
지절대는 새소리에
기분 좋은 꿀잠에서 깨어났다네.
혹여 꿈엔들 보려나 했는데
잠이 꿀이어서
보고 싶은 맘만 달콤하네.
잘 주무셨는가, 친구여?
지절대는 저 새소리,
행복하라고 하네.
멋진 날 되시게, 친구여!

소풍 하는 삶처럼

우리는 동년배로 세상에 태어나
칠십 킬로그램 짊어지고
멀리서 가까이서 서로를 바라보며
칠십 년을 살아 왔네
내려놓자 그 삶의 무게

소풍 하는 삶처럼
구름처럼 스치는 바람처럼
가볍게 행복하게 살아 보자
친구 만나는 맘으로
소풍 가는 맘으로

이미 우리 인생
소풍놀이 하고 있는 것이지
서로 알고 함께 하는 인생
큰 행복을 누리고 있는 것이지

소풍 기다리는 것은 설레는 맘
소풍 하는 것은 행복한 삶
삶의 무게 가볍지 않은 친구야

서로를 느끼면서 서로를 사랑하며
소풍하듯 살자 멋진 친구야

슬픈 소풍은 없지
소풍은 늘 즐겁고 행복하지
모진 삶 무거운 삶
꿈꾸듯 구름 보듯
소풍하듯 살아가자

참 좋은 이별

우리는 누구나 마지막을 맞이한다
인생길이란
태초부터 있는 길을
걸어온 것 뿐이다
칠십 리 길을 하루도 빠짐없이
지금까지 걸어온 우리들은
정말 복 받은 삶의 주인공이다
나를 기억하는 모든 사람 중
한 줌의 기억을 갖고 떠난
소중한 사람들이 차츰 늘어나
내 삶의 무게를 가볍게 한다
언제 누구를 기억하며 떠날지
알 수가 없다
그간 사랑하자
그간 행복하자
서로를 바라보며
용서하는 용기를 갖자
그리고 그날이 오면
가벼운 솜털처럼
흰구름처럼 두둥실 떠나는 것은

참 좋은 이별이 아닐까 싶다
사랑한다
내가 기억하는 이들이여

그리움 쌓이거든

초승달도 때가 되면 다시 차나니
공허한 빈 마음
불 끄지 말고 밝히소서
누군가는 그 빛에
아름다운 미소를 보낼지 모르잖아요

세상살이가 다
절름발이인 것을 안다면
서러울 것도 없고
아쉬움도 없지요

그렇게 삽시다
때로 그리움 쌓이거든
벗을 찾아 가슴을 채워요
보름 만월처럼
어둠 속에 빛을 밝히도록

그리움

친구는 생각에 두고
맘에는 그리움을 두네

보고 싶은 맘이야
태산 같지만
태산 넘어갈 용기가 작아서
머뭇거리는 바보지

물이 낮은 곳으로 흐르듯
흐르다 보면 결국
한 마음 한 몸으로
한 곳을 향하여 흐르게 되지

부르지도 않은
바람이 오네
그리움 실어 보내니
시원하게 보내시게

이렇게 좋은 날

왜 고민하는가
생각만 해도 행복 가득한데
우리 숨 쉬고 있고
하늘 무너져 내리지 않고
땅 내려 꺼지지 않으니
이렇게 좋은 날
왜 행복하지 않을까

새소리
아침 이슬방울 흐르듯
귓가를 간지럽게 한다
감긴 눈 뜨는 부활의 기쁨으로
행복을 맛보는 이렇게 좋은 날
행복하자 친구여

장회나루에서

어제 오늘
옛 친구들 품에서
오랜만에 회포를 풀고 있다
물 위로 스쳐가는 유람선
눈 익은 풍경 스쳐간다

수억만 년 그 자리 지키고 있는
구담봉 옥순봉 변함 없건만
변하는 건
스쳐 지나가는 유람 배 하나
푸른 물결 하얀 포말

물결
아득한 천 년 전설
물속 깊이 감춘다
우리들 이야기
물속 깊이 감춘다

칠십 반창회

이번 만남
우리의 최고의 젊은 날
한 점 후회 없는
기쁨이었네 즐거움이었네
칠십이면 옛 상노인이라 했는데
친구들과 노는 우리 모두는
낭랑 십팔 세가 아니었는가

참 꿀같이 달콤하고
행복한 잔치였네
사랑한다는
고맙다는
행복했다는 수식어가
넘 자연스럽던 만남
큰 행복이었네

불꽃처럼 뜨겁게 타오르세
비록 다 타고
한 줌 재로 남을지언정
후회 없는 생을 살아가세

새로 맞이하는 오늘이
우리에게 가장 젊은 날
잊지 말자, 친구들아

아는 사람

길을 걷다가
아는 사람을 만났다
반가운 인사 나누고 보면
낯선 이방인이다
흘러간 세월이
서로를 다르게 변형시킨 모습이
낯설다

그래도 반갑다
인사 후 헤어져
또 다시 언제
스치듯 만날 기약이 없다
그렇게 우리 사이는
잊혀 가는가 보다

그것이 사랑

더 멀리 헤어지면
더 큰 그리움을 갖지
가까이 있는 행복
더 큰 고마움 큰데
잃어버린 후에야
떠나버린 후에야
그 소중함을 느끼지

세상사가 다 그렇지
먼 곳의 행복은 꿈일 뿐
내 손길 닫는 곳
내 발길 가는 곳
내 눈길 보이는 곳
내 마음속 담기는 행복
그것이 진정한 사랑이어라

그것이 삶이지 사랑이지

첫눈이 가슴 설레게 하지
첫 자가 들어가는 행동은 신기롭지
첫사랑 첫경험
아마 미지 세계 탐험도
첫경험으로 오는 유혹을
떨칠 수가 없어서 떠나겠지

첫번이 지나면
타성에 젖은 삶으로 살아가지
첫날은 기억 저편으로 잊혀 가 버리지
단 한 번으로 끝나는 첫경험은
죽음뿐이지

뜨겁게 살자
심장이 식을 때까지 도전
탐험이란 이름으로 앞으로 가자
후회하지 마라
좋았다면 추억이고 나빴다면 경험이지

모닥불 타듯이 뜨겁게 태우고

한 줌 재로 남으면
가을 미풍에 날려 보내면
그것이 삶이지
그것이 사랑이지

봄 여름 가을 겨울

마로니에 공원 벤치
두 연인
달콤한 사랑에 빠져 있다
봄바람 향기가 일렁인다

사랑은 서로를 알아가고
자신을 잊어버리는 것
뜨거운 열정
여름 태양 빛처럼 빛이 난다

사랑은 서로 한 목숨 되는 것
둘이 하나 되는 가을 사랑
불타는 듯 오색 물들고
사랑은 결실을 맺는 것

시련의 이별
찾아온 겨울 사랑
헤어져야만 하는
하아얀 서릿발 같은 이별

마로니에 공원 벤치
휑한 바람만 스치며 운다
아픔으로 기억할 수 없는
우리 이별 슬프다

오늘은 포근함을

흩어지는 별빛으로
성을 쌓던 은하수는
눈부신 고운 햇볕 기다리며
하루를 맞이합니다

내가 하늘이라면
그대에게 별을 주고
내가 꽃이라면
향기를 주겠지만

오늘은 포근함을 보내드리렵니다
차가운 날씨지만
행복한 날 좋은 시간
가장 많이 웃는 하루가 되기를

첫사랑

꽃 피려나 꽃봉오리
발그래 분홍빛 오르고
터질 듯 가득 담겨 있는 꽃향기

뭇 벌나비 춤추며 기다리다
꽃 피기 전
나래 접고 말았나

꽃은 피고 지고
사랑 받고 버림 받고
또 다른 인연으로 열매 맺으며
그 긴 그리움 잊어간다

수 세월 그대 없이 살아왔지만
아직 가슴 한켠에는 끝내
사랑하지 못한 첫사랑 미련 있다

그대가 첫사랑

우체국

동네 소식통 우체국
반가운 소식 끊긴 지 오래다
편지를 적어 곱게 맘 다져넣고
보낸 편지 답장 기다리며 오가던
우체국 앞길

창문 안 텅 빈 사무실은 무인도다

세월이 빠르게 변하기에
통신도 빠르게 발전하니
서신의 도태는
어쩔 수 없는 현실이 되었다

기다림
애타던 기다림
소식 끊긴 지 오래다
우체국 앞 우체통
허기진 속 비워
그리움 잊은 지 오래다

잊지 말아요

세월은 흐르고
흐르는 세월 속 정든 탑
하나 둘 무너져 가네
무심한 이별도 아닌데
잊힌 추억도 아닌데
기억마저 흐려지는 듯
점점 멀어져 가는 맘
점점 잊혀 가는 그대
서로 잊어서는 안 되는데
정든 탑 하나 둘 무너지네
나를 잊지 마오
그대와 나
우리 서로 잊지 말아요

안개 속 아침 산

아침 산은
품었던 물안개를
끝없이 풀어 놓는다

산이 구름에 가렸든
구름이 산 속으로 스며들었든
모든 것이 안개 속에 덮인다

좋다

친구 그리움처럼
뭉게 뭉게 피어오르는 물안개
산은 그 모습 변함 없다

늘 함께 할 수 있어
더 행복한 아침
안개 속 아침 산

제4부 벚꽃 피는 이유

어둠 속에서

이 밤이
저리 어두운 까닭은
촛불을 밝히도록 하기 위함이다

밤에
고요함 속에
자신을 성찰하는 불 하나 밝혀 보자

이 밤이 저리 어두운 까닭은
자아를 잃어버린 방황
혼돈 속에 빠져 있기 때문이다

이 밤 어둠 지나
밝은 또 하루 시작되면
새로운 희망이 보이리
어두움은 자신을 찾는 고요다

벚꽃 피는 이유

벚꽃 피는 이유는
열매를 위한 사랑이지요
사랑 위해 꽃단장 하고
새색시 모양 수줍게 웃지요

꽃나무 밑에서
그들의 속삭임 들어 봐요
스치는 봄바람 소리에도
깊은 사랑에 빠져듭니다

참 아름다운 꽃 사랑
시간 지나 수정이 되면
벚꽃 잎은
미련 없이 나무를 떠납니다

봄 눈꽃처럼
꽃비처럼 아름다운 이별
벚나무는 버찌라는 열매 얻고
또 한 해 살아갑니다

우리도 그리 살아가지요
이 평범한 경이로움
만끽하는 그대
행복한 사람

봄꽃

부르지도 않았는데
초대도 안 했는데
반갑다고 인사하는 춘화

봄꽃이 이리 아름다운 것은
차디찬 시련 아픔 이겨내고
웃음을 터트리는 까닭이지요

꽃이 떠나야 열매 맺지요
우리도 그 길 따라
가야 하는가 떨어지는 꽃잎처럼

마음에서 우러나는

지는 삶의 아름다움
다시 떠오르는
내일의 태양 빛

노을 진 빛이나
떠오르는 빛
둘 다 같은 태양 빛

그 아름다움
내가 서 있는
자리에 따라 다를 뿐

사물 바라보는 느낌은
마음에서 우러나는 것일 뿐

아름답게 느끼면
아름다움이고
슬프게 느끼면
슬픈 것일 뿐

바다는 하늘을 닮는다

새벽 파도 소리
불어오는 해풍 따라
고요한 해안을 노래한다
수없이 밀려오는 백사장 모래처럼
떠밀리고 끌려가는 삶을
지키고 있다

때로는 거친 바다에 저항
이길 수 없는 복종을 배웠다
바다가 좋아
한평생 어부 길 걸어온 날
바다 닮은 마음만 넓다
하늘과 맞닿은 수평선
바다는 하늘을 닮는다

쪽빛 바다 끝에 있는 배
한 척 배는 하늘을 다닐 수 없지만
하늘 나는 갈매기는
물 위를 걷는다
자연은 자연 그대로 남고

세상은 순리로 흐른다

여름을 보내고

삼복 더위 찌는 듯한 여름
유난히 태양 빛 뜨겁다
헐떡이던 삶
턱밑 숨이 차다
시원한 바람 한 줄기 등판을 스치고
잘 익은 수박 한 조각 입에 물면
천하 부러울 거 없는 계절
초복 중복 말복 더위 끝나면
스산한 가을바람 찾아와
이제 그만 더위와 헤어지고
자기 품어 달라 재촉한다
모진 더위가 그리워지는
엄동설한 감추고 웃는다
음흉하게 웃는다

늦가을

늦가을 낙엽 떠난 숲속
허허하게 비어 있다
달빛 밝은 밤이 어둡다
잎새 떨어진 나뭇가지에
허기진 달 걸려
오도 가도 못한다

정체된 듯한 고독을
오독오독 씹어
마른 목구멍으로 밀어 넣는다
그리움만
스쳤던 인연으로 남는다

가을 서리처럼
휑한 바람 휘몰아 떠날 때
함께 떠나야 했던 마음
서성거리는 늦가을이다
늦가을 낙엽 떠난 숲속
허허하게 비어 있다

암흑 속의 동굴

태고의 동굴
그 수만 년 전 흔적이
살아 있다
별빛이 광년 지나
우리 가슴에 다가오듯이
우주 속 시간의 신비 속에
흔적이 살아 있는 동굴
텅 비어 있는 동굴 속을
석회수가 채우고 있다

똑 똑 똑 똑 똑
떨어지는 물방울 소리가
내려오는 석순을 만든다
떨어져 바닥에 쌓여
솟아오른 종유석만큼
세월이 쌓여 있다
한 줄기 빛도 없이
깨어나지 못하는 암흑 속
우리는 보지 못하는 장님이다

미지 세계

땅끝으로 가고 가다 보면
바다를 만난다
바다 끝을 향해 찾아가 보면
수평선 맞닿은 곳에
하늘이 있다
하늘 끝은 어디일까

내가 바라보는 눈 속으로
삼라만상이 들어오면
자신을 찾게 된다

온 우주 중심은 나
나로부터 시작된다
거기가 미지 세계의 끝
눈 속으로
삼라만상이 들어오면
자신을 알게 된다

반딧불

반딧불은 날아다니는 꿈

달빛 어두운 밤
하늘 별도 졸고 있을 때
작은 별똥처럼
불빛 반짝이며 여름밤 날아다닌다

누구를 오라고 하는가
빛나는 보석 빛으로 짝을 부른다
타오르는 빛의 향연
사랑 잔치 열렸다

별 세는 밤

별 세는 밤
밤하늘 별빛 수억 광년
우주를 여행하여 빛으로 찾아왔다

이 밤에 빛나는 별빛
모두 집 떠난 고아이다
이 밤 고아들 빛을 세고
우리들 모두 별빛 고아
여행자 되어
우주공간 어디로인가 떠난다

별 세는 밤
갈 길 잃은 별 휙 사라진다
별똥별이다

별 세는 밤
유난히 별빛 밝게 비치는 이유는
어두움 품고 있기 때문

별똥별

밤하늘 어둠 속에서 빛나는
북두칠성 끝자락에
북극성은 변함없이
그 자리 지킴을 하고 있다

북두칠성 자루 꼬리 내려
광활한 사막 밤하늘 별들
지평선에 달아 놓았구나

은하수 흐르는 하늘강
그 옆으로 보이는 잔별
애처롭게 반짝이는 빛
갈 길 잃은 별똥별

남한강 물소리

천지 개벽 날부터
하늘이 내린 비
산하 물굽이 품고 흐르는
유구한 생명 줄
강변의 생명 터
너도 살고 나도 살고
자연도 살았던 삶 터
인류 문명도 싹텄다

구석기 신석기 이어
수만 년 존재했던
단양 수양개 터 있었다

넓어질수록
깊어질수록 고요해지는
남한강 물소리는
생명의 숨소리
우리의 숨소리
우리의 목숨이다

남한강 갈대

흰머리 휘날리는
갈대 몸짓
유유히 흐르는
남한강 곁을 떠나지 않고
그 자리에서 가을 품는다
차가운 강바람
시련 닥쳐온다 해도
강변 지킨다
제 자리 떠나지 않는다

두항리

산 속 깊은 곳 마을
두항 오백 년 느티나무는
무엇을 보고 기억하고 있을까

사람은 살다 떠나고
지저귀던 이름 모를 새들
산 노루 울며 산토끼 뛰어놀던
산 속 깊은 마을
저녁연기 굴뚝에서 피어나던 곳

월악산 품에 흐르던 남한강 물
옥순봉 구담봉 한 울 안에
정겹게 얼싸안고 사는 곳
두항리 호랑이 살던 범바위
전설되어 있다

산과 물과 하늘과 땅
아름답고 아름다운 두항리
두향이 애달픈 이별 사랑
산마루 들려오는 뻐꾹새 울음만큼
허공 속 메아리로 울린다

아름다운 여행

구름은 눈에 보이지만
소리가 없고
바람은 소리만 들리고
움직임만 있어
실체를 붙들지 못하네

가둘 수 없는 삶의 흐름
아름다운 여행
지금 보이는 저
수채화 같은 하늘 구름
코발트빛으로 행복을 보내네

바람 스쳐 지나가도
가두지 않는 구름
아름다운 여행
소리 없이 피어오르는
행복이어라

두항리 매화 향기

산골 마을 두항리
남한강 물길 굽이굽이 흐르다
잠시 멈추었던 구담봉 품
기암괴석 거북이 물속에 놀던
전설 천 년 전해 오는 곳

월악산 동쪽 마을
초가집들 옹기종기 모여
별빛 아래 밤새워 나누던 사랑
새벽 물안개로 피어나던
옛사람 살던 곳

두향이 못다 한 사랑도
물안개로 피어 제비봉을 품는다
천 년의 언약 사랑한다는 말
매화꽃 향기되어
몽울 몽울 피어난다

옛 강

금수산천을 굽이굽이 흐르던 강
천 년 세월
그 발길 멈추지 않았다
그 강은 생명의 젖줄이었다
인류의 발생은
강줄기 따라 생겨 변천하였다
인류 문명 번성하고 퇴화하는 것도
강 물줄기 힘이었다

자연의 축복을 갖고 흐르던
옛 강

흐르지 못하게
댐이라는 족쇄를 채웠다
아름답던 강
맵시가 한없이 뚱뚱하게 고여
숨을 헐떡인다
아~ 옛날
흐르던 아름다운 옛 강 그리웁다
호수가 강의 무덤이다

동굴

지표면 땅 속에는 동굴이 있다
동굴 속에 내가 있고
나는 곧 태어날 만삭의 아이처럼
암흑 동굴 속에서 꼼지락거린다
탯줄 같은 생명줄 자일 붙들고
수억 년 성장한 동굴 탐험을 한다
빛이 만들지 못한
위대한 동굴 모습 장관이다
수억 년 숨죽이며 만들어낸
석순 종유석 동굴 진주
누구에게도 속살 내준 적 없는
처녀동굴 탐험 경이롭다

산의 속마음

우리 주변 산은
각기 다른 얼굴 모습으로
늘 함께 있다
때로는 푸른 옷으로
철 지나면
붉고 고운 빛 옷으로 갈아입고
내 맘을 유혹한다
찾아오라고 품에 안기라고
변함없는 모습
배신 없는 마음 믿으라고
산은 늘 바라만 보고 있다
젊은 날
수없이 많은 산 품에 안기어
행복했던 기억들
이제는 늙은 아내 사랑하듯
산이 나를 사랑하고 있다

가을 화가

오색 물감으로
푸른 화선지 물들이는
자연 화가 가을

가을 화가
누구도 그려내지 못하는
가을 풍경을 창작 하였다

퇴색되는 아름다움
색의 향연
바람도 잠이 든다

가을 화가 손끝에
태양 빛 붓놀림
황홀하다

가을비

가을비가 가을 그림을 지우네
스산한 빗속 헤매던 바람
단풍 속 포근히 잠들었던 밤
아름다운 모습
오간 데 보이지 않는 가을

목적지 없는 방랑자처럼
흔들리는 마지막 잎새가
떠나려는 가을 붙들고
밤새 떨고 있네

가을비
단풍보고 떠나라 치근대니
붉은 옷
채 갈아입지도 못하고 떠나네
가을비가 가을 그림을 지우네

산도 나도

산 속 깊은 곳에는
흐르는 맑은 물이 있다
산을 오르다
목마름을 적시는 계곡 물

산은
품에 있는 모든 생명을
지키며 있다
언제나 변함없이
늘 그 자리 그 모습으로
우리와 더불어 살아간다

산에는
살아가는 생명이 존재한다
수억 년 세월 속에
산 얼굴도 바뀌고
산 모습도 변하는 것을 모를 뿐
산도 늙고 나도 늙는다

족적

내 살아온 발자욱 새삼 뒤돌아본다
어디서 시작되어 여기까지 왔는지
기억 까마득하다

조심조심 발걸음 떼던 시절
한때는 비틀 비틀거리던 시절
빠르게 빠르게 달려왔던 그 시절

발자욱 어지럽지는 않았는지
부끄럽지는 않았는지
새삼 뒤돌아본다

해 설

백두 소년의 감성이 『행복을 남기는 사랑』이 되다

전무용(시인, 문학박사)

고등학교 때쯤에, 그는 틈만 나면 산으로 갔다. 전문적인 산악 등산 훈련도 받았다. 그 시절 그가 동굴학회 일원으로 탐사를 다닌 석회암 동굴들 중에는, 사람들이 즐겨 찾는 단양의 석회동굴들이 있다. 그 시절에 시인이 나에게, 지능지수 말고 감성지수라는 것이 있다는 말을 한 적이 있다. 모두 자연의 아름다움을 향한 그의 감성이 바탕에 있었던 것이 아닌가 하는 생각이 든다. 그가 오랫동안 〈고다미술관〉을 운영하면서 고미술품들을 다룬 일도 그의 감성과 무관하지 않을 것이다. 구석기시대 신석기시대 주먹돌 돌칼 돌도끼로부터, 가마 속 도자기를 받쳤던, 도공의 지문이 남아 있는 손톱돌에 이르기까지, 그의 관심은 깊고 넓다. 그의 관심은 고대의 예술품들 또는 생활용품들 뒤에 있었던 사람들과 그들의 삶에 닿아 있다. 이번에 그의 시를 깊이 읽으면서, 그의 심미적 감성이 시로도 꽃 피고 있음을 느꼈다.

사십 대쯤의 일인 듯 하다. 지역의 대학에서 청강을 하면서 시와 문학을 공부한다고 했다. 가끔 본인의 시가 실린 동인지를 선물하곤 하더니, 회갑 나이가 되면서 첫 시집 『청풍은 바람만 자유다』(넥센미디어, 2016)라는 시집을 냈다. 그리고 이제 다시 10년이 지나 흰머리 백두 소년의 감성으로 두 번째 시집을 낸다. 아름드리 벚나무, 줄기 중간에 가지 내밀어 꽃 피우듯, 남다른 감성으로, 자신을, 주변 사람들을, 자연을, 세상을, 깊이 들여다보며 시를 꽃피우고 있다.

그의 시집은 4부로 구성되어 있다. 1부에는 주로 스스로를 살피는 글들을 실었다. 단양 제비봉 자락에서 지내며 느끼는 산중 정회도 적고 있고, 자신을 돌아보는 이야기들도 나지막한 어조로 쓰고 있다.

첫 시 「아침」에서 "호수에서 피어오른 물안개/ 고요한 아침 열린다/ 동쪽 하늘빛 찬란하게 찾아오고/ 그 빛으로/ 영롱한 하늘 오색으로 변하여/ 아름다운 풍경 선물한다"는 말로 시집을 열고 있다. 각진 직선의 도시에 사는 사람들은, 시인이 시를 통해서 보여 주는 '아침의 하늘 빛'을 한 번쯤 올려다보아도 좋을 것 같다. 「조용한 산 속 밤」 1연에서는 "하루 종일/ 지절지절 노래하던 산새들도/ 포근한 둥지 품 잠들었다/ 산다는 것이/ 사람만 곤한 것이 아니다" 하고 노래한다.

"비 오는 아침에"에서는, "그래야 더위 놈도 움찔 하고/ 목마른 우리도 춤추며 노래하지// 비 오는 아침/ 부산하고 요란하다/ 살맛 난다" 하고 표현하여, '더위'를 의인화시켜서 자연을 노래한다. '더위 놈'과 '춤추는 우리'를 대비시키고 있다. 시를 읽는 맛이 살살 올라온다. '움찔 하고' 일부러 띄어서 적은 것이 보인다. '움찔하고'와 같이 맞춤법대로 붙여서 적으면, 그냥 휙 읽고 지나가겠지만, 의도적으로 띄어서 적음으로써, 운율도 살리고, '움찔'의 의미를 강화하고 있다. 「어머니 마음속의 기억」에서도 문법에서 벗어난 띄어쓰기를 강조의 방법으로 쓰고 있다. "기억 이었지" "맘 이었겠지" "몸짓 이었지" 등에서, 붙여서 써야 하는 말을 띄어서 씀으로써 앞에 있는 '기억', '맘', '몸짓' 등의 표현을 강조하고 있다.

「삶의 여정」에서는, 세상과 이별하는 순간을 말하면서, "오늘이라도 사랑하자/ 살아온 삶 속에 응어리진/ 미움도 지우자// 용서하자/ 그리고 사랑하다/ 이별을 맞자" 하고 노래한다. 스스로를 버리는 시들이다. 시를 통해서 인생을 돌아보고 자신의 마음을 가다듬으며, 삶의 자세를 다짐한다. 「시련 고난」이라는 시에서는 "배고픔은 살아 있다는 거/ 아픔 없는 삶 없지/…/ 시련 없는 삶은/ 향기 없는 꽃과 같지/ 인고의 세월은/ 향기를 품게 하지"라고 노래한다. 고상한 시어가 아니라, '배고픔'이라는 아주 간단명료한 말로 시를 열고 있다. '아픔, 시련, 인고'와 같은 말로 시의 중심을 세우면서, "시련 고난 두려워할 것 없지"라고 노래한다. 시를 보면서, 적지 않은 시련 고난을 겪으며 살아온 시인의 인생이 느껴진다. 「산 속 아침」에서는. "또다시 시련과 고통이 찾아온다 해도/ 열정으로 맞이하리라/ 나이를 잊은 것처럼 또 하루를 살자" 하고 노래한다. 칠순 청년의 기세가 느껴져서, 시를 읽다가 갑자기 힘이 난다.

그런가 하면, 「그믐밤」 같은 시에서는 "그믐밤이다/ 구름이 별빛 가렸나/ 별과 사랑/ 은은한 달빛 속에/ 피어나야 하는가/ 에라 틀렸다/ 잠이나 자야겠다" 하고, 슬며시 농담을 던지기도 한다. 아직도 '별과 사랑' 피어나기를 꿈꾸는가, '에라 틀렸다' 하는 칠순 백두 소년의 투정 같은 감성에 웃음이 난다.

2부에는 고향 이야기와 가족 이야기를 실었다. 「어린 시절 고향 풍경」은, 도심 속의 아파트 성장 세대가 아니라면, 거의 모든 사람의 기억 속에 남아 있는 풍경이다. "맑은 시냇물 따라 걷던 길/ 산수유 꽃 향기"로 시작된다. '시냇물 따라' 시 속으로 걸어 들어가면 고향이 나온다. 그 속에 한 소년이 있다. "작은 초가집/ 작은 울타리/ 앞마당에 날던 잠자리/ 빨랫줄 붙들고 잠들어 졸고 있다/ 까까머리 소년 살곰살곰/ 잠자리 꽁지 잡으러 가는데/ 애꿎은 복실이 멍엉멍 소리/ 졸던 잠자리/ 공중 날아 맴돌고 있던/ 내 고향 어린 시절 풍경" 산수유 꽃 향기도 있고, 초가집도 울타리도 있고, 머엉멍 복실이 소리도 있고, 까까머리 소년도 있고, 공중 나는 잠자리도 있는, 영원히 끝나지 않을 고향 영상이다. '살곰살곰' 같은 말은 '살금살금'이 표준 표기이지만, 시인은 비표준 표기를 선택했다. 표준 표기로는 '살곰살곰'

의 작은 느낌을 나타낼 수 없다. 시인은 필요에 따라 표준 표기를 버리고, 감성을 담을 수 있는 입말을 그대로 쓴다.

「아름다운 추억」은, "대청마루 끝에 서서 시원하게 쉬를 했다/ 아뿔싸 꿈이었다/ 흥건한 아랫도리/ 오줌싸개가 되었다"로 시작된다. 더 설명하지 않아도, 이 네 줄로 모든 것을 알 수 있는 추억이다. 꿈 속에서 시원하게 쉬를 해 본 사람이라면, 바로 입가에 빙긋이 웃음이 날 추억이다. '할머니가 남겨주신 추억'은, 그 일로 키 뒤집어쓰고 이웃집에 소금 꾸러 갔다 온 일이다. 이러한 일을 경험한 세대는 이제 옛날 이야기 속에나 있지만, 그 옛이야기는 시를 통해서도 이렇게 다음 세대로 전승이 된다.

누구에게든 그렇지만, 시인에게 어머니는 특히 각별하다. 시인이 사업에 어려움을 겪을 때는 분식 집을 열고 태산처럼 버티며 가정을 지켜내셨다. 「달달봉사가 된 사랑」에는 어머니 떠나보낸 심경이 절절하게 담겨 있다. "칠십 년간 함께 살며/ 애지중지 사랑 나누었던 한 여인/ 모진 이별 후 내 가슴은/ 텅 빈 암흑 동굴이 되었다/ 한 줄기 빛이라도 남아 있으면/ 길 찾아 갈 터인데/ 눈 뜬 달달봉사/ 장님이 되어 버렸다" '달달봉사'는 '당달봉사'의 충청도 방언이다. 시인은 시에서 가끔 고향 말을 그대로 쓰는데, 가슴 밑바닥의 정서를 담아내기에는, 어머니 입에서 내려온 고향 말이 제격이다.

어머니를 노래한 시들 뒤에는 아내를 노래한 시들이 보인다. 「벌거벗은 나목」에 이어지는 시가 「새색시 시집오던 날처럼」이다. "철부지 신랑/ 새색시는 고이 간직한/ 이슬방울 정절을 놓았지/ 낯선 시집살이 어언 사십 년 지나/ 이제는 뼈 마디마디 새겨진 굳은살로/ 철없는 지아비 자식 둘 키우고/ 정작 자신은/ 마른 장작 태우듯 살아온 여자 일생// 고맙고 고맙소/ 늦철 들어 되돌아보니/ 당신의 희생이/ 우리들의 생명줄인 것을/ 이제야 알았네" 흰머리의 칠순 소년, 이제 철이 좀 드시는가? 늦철 들어 아내의 굳은살 손마디를 돌아보며 "생명줄"로 아내를 표현하고 있다. 「사랑의 기억」에서는 "깊고 아픈 상처/ 나무 옹이처럼 되어/ 가슴 속에 상흔으로/ 응어리로 박혀 있는 당신/ 천만 번이라도 사랑하리라" 하고 노래한다. 「사랑 바보」에서는 "사랑이었을까 원망이었을까/ 가족을 위한 숭고한 사랑으로/ 봄눈 녹는 듯한 희생/ 오간 데 없다/ 사랑만 한 당신은 사랑 바보" 미사여구 없이 있는 느낌을 그대로 표현한 정직한 투박함을 보니, 혹시라도 아내의 마음속에 옹이가 있다면 감쌀 만하겠다. 시인의 표현대로, '세월탑' 위에 '행복탑' 쌓아갈 수 있기를.

3부에는 사람들과 어울려 살아가는 이야기를 실었다. 3부 첫 시 「잘 주무셨는가」에는, 카톡 시대의 정서가 담겨 있다. 월악산 자락 제비봉 아래에 따로 보금자리 하나 꾸민 시인이, 산 속 집에서 맞은 상쾌한 아침을 친구에게 보내는 인사다. "연초록 나뭇잎 사이로/ 맑은 햇살이 창문 두드리는 아침/ 시원한 공기 속/ 지절대는 새소리에/ 기분 좋은 꿀잠에서 깨어났다네. /…/ 잘 주무셨는가, 친구여?/ 지절대는 저 새소리,/ 행복하라고 하네./ 멋진 날 되시게, 친구여!" 시인은 시 전체에서 문장부호를 거의 쓰지 않고 있는데, 이 시에서는 정확하게 문장부호를 썼다. "친구여?"와 "친구여!"에서는 물음표와 느낌표가 대비되고 있다. 이 두 부분의 대비를 위해서 문장부호를 쓰면서, 이 시 전체로 확대해서 문장부호를 쓴 것으로 보인다. 9줄에서는 "잘 주무셨는가, 친구여?" 하고 어순 바꾸기까지 하고 있어서, 시 전체에서 문장부호가 꼭 필요한 자리는 세 곳이다. 시에서 문장부호를 쓰지 않는다는 것은, 시인이 입말 그대로에 가까운 시를 쓰려고 한 것으로 보이는데, 이처럼 피할 수 없이 문장부호가 필요한 시에서는 정확하게 문장부호를 쓰고 있다.

「안개 속 아침 산」에서는 독특한 시의 형식이 눈에 띈다. 5연으로 구성된 시인데, 3연에서는 "좋다" 한 단어로 1연을 구성하였고, 나머지 네 개의 연에서는 각 연 3줄씩으로 시를 구성하고 있다.

아침 산은
품었던 물안개를
끝없이 풀어 놓는다

산이 구름에 가렸든
구름이 산 속으로 스며들었든
모든 것이 안개 속에 덮인다

좋다

친구 그리움처럼
뭉게뭉게 피어오르는 물안개
산은 그 모습 변함 없다

늘 함께 할 수 있어
더 행복한 아침
안개 속 아침 산

시인이 시의 형식에도 관심을 가지고 적절하게 연을 구분한 것을 보여 주는 시다. 위 시는 시조 시와 같은 정형의 형식은 아니지만, 데칼코마니처럼 "좋다"를 중심으로 상하 대칭의 느낌이 있는 형식이다. 연을 구분하면, 우선 한 연씩 경쾌하게 읽어 나갈 수 있어서 좋다. 의미 표현을 중시하는 현대시에서는 형식미를 생각하는 경향이 현저히 줄었지만, 시의 형식은, 동양화의 구도처럼, 안개 속 산의 능선들처럼, 굽이쳐 내려가는 강물처럼, 정형은 아니더라도, 시의 문학적 성과에 기여하는 측면이 크다.

4부 '벚꽃 피는 이유'에는 자연과 인생을 바라보는 시인의 감성이 표현된 시들을 실었다. 시 「벚꽃 피는 이유」에서는 이렇게 노래한다. "봄 눈꽃처럼/ 꽃비처럼 아름다운 이별/ 벚나무는 버찌라는 열매 얻고/ 또 한 해 살아갑니다// 우리도 그리 살아가지요/ 이 평범한 경이로움/ 만끽하는 그대/ 행복한 사람" 이 시에서는 특히 "이 평범한 경이로움"이라는 시구가 눈에 띈다. '평범한 경이로움'이란 참 평범한 깨달음이지만, '평범'이 '경이로움'과 만나 특별한 의미를 나타낸다. 자연이나 인생 또는 거기에 담긴 진리에 대한 시인의 깨달음을 보여 주는 표현으로 보인다. 「봄꽃」 같은 시에서도 시인의 소소한 깨달음이 나타난다. "봄꽃이 이리 아름다운 것은/ 차디찬 시련 아픔 이겨내고/ 웃음을 터트리는 까닭이지요// 꽃이 떠나야 열매 맺지요/ 우리도 그 길 따라/ 가야 하는가 떨어지는 꽃잎처럼" 2연에서 "차디찬 시련 아픔 이겨내고"로 봄꽃의 이면을 읽어내는 시인의 눈이 놀랍다. 당연하고 평범한 내용이지만, 3연 마지막으로 가면 "우리도 그 길 따라/ 가야 하는가 꽃잎처럼"이라고 노래한다. 봄꽃과 우리의 인생이 하나가 되어 드러난다. 마지막 줄의 "가야 하는가 꽃잎처럼"의 문장 어순 바꾸기도, 시적 여운을 만드는 데 기여하고 있다. 「암흑 속의 동굴」에서는 "똑 똑 똑 똑 똑" 하고 물방울 떨어져 동굴 석순을 만드는 과정을 말하면서, 한 글자 한 글자 띄어서 표현에 시간성을 부여하고 있다. 「세월 속 정든 탑」에서도 "세월 속 정든 탑/ 하나 둘 무너져 가네/ … /정든 탑 하나 둘 무너지네" 하면서 '하나 둘'을 띄어서, 띄어쓰기로 표현에 시간성을 부여했다. 호랑이 그림이 수십만 개의 털 하나하나에서 결정되듯, 시의 아름다움도 특별하고 엄청난 내용에서 결정되는 것이 아니라, 이처럼 작은 표현들이 모여서 시적 성취를 이루는 것이다.

시집의 마지막 시는「족적」이다. 지극히 개인적인 성찰이지만, 독자들 모두의 자기 성찰로 확대될 수 있는 시여서 값이 있다. 3연 9행의 시 중에서, 1연 첫 줄의 서술어 "새삼 뒤돌아본다"를, 시의 마지막에서 한 줄로 반복하여, 세심하게 시적 성취를 완성하면서, 시집 한 권을 마무리하고 있다.

내 살아온 발자욱 새삼 뒤돌아본다
어디서 시작되어 여기까지 왔는지
기억 까마득하다
……
발자욱 어지럽지는 않았는지
부끄럽지는 않았는지
새삼 뒤돌아본다

석시한 시인의 시집은, 전체적으로 자연을 품고 있다. 어릴 때부터 산을 오르내리면서 자연을 삶의 교과서로 삼았던 시인의 특성이 시에 나타나는 것이 아닌가 생각된다. 그 속에서 시인은 자신을 돌아보며 스스로를 벼리고 있다. 주변의 일상을 세심하게 바라보고, 특별한 문학적 감성으로 표현해 내고 있다. 소풍하듯 여행하듯 편안하게 시집을 둘러보고 나오면, 어릴 적에 떠나온 고향을 떠올릴 수도 있을 것이고, 인생에 대한 성찰을 얻을 수도 있을 것이고, 쉼을 얻을 수도 있을 것이다. 또 하루 행복하게 살 수 있는 새로운 기운을 얻을 수도 있을 듯 하다.